AF349741

CATALOGUE

DES

TABLEAUX

MODERNES ET ANCIENS

Composant le cabinet de M. B*** *er Kdemy*

DONT LA VENTE AURA LIEU

HOTEL DROUOT

SALLE N° 8

Le Jeudi 14 Décembre 1871

A TROIS HEURES PRÉCISES

Mᵉ **DELBERGUE-CORMONT**, Commissaire-Priseur,
rue de Provence, 8,

Assisté de M. **Francis PETIT**, Expert, rue Saint-Georges, 7.

EXPOSITIONS

PARTICULIÈRE	PUBLIQUE
Le Mardi 12 Décembre 1871	Le Mercredi 13 Décembre 1871

DE UNE HEURE À CINQ HEURES

PARIS — 1871

RENOU ET MAULDE

IMPRIMEURS DE LA COMPAGNIE DES COMMISSAIRES-PRISEURS

Rue de Rivoli, 144

CATALOGUE

DES

TABLEAUX

MODERNES ET ANCIENS

Composant le cabinet de M. B** [ERTHELEMY]

DONT LA VENTE AURA LIEU

HOTEL DROUOT

SALLE N° 8

Le Jeudi 14 Décembre 1871

A TROIS HEURES PRÉCISES

Me DELBERGUE-CORMONT, Commissaire-Priseur,
rue de Provence, 8,

Assisté de M. **FRANCIS PETIT**, Expert, rue Saint-Georges, 7.

EXPOSITIONS

PARTICULIÈRE	PUBLIQUE
Le Mardi 12 Décembre 1871	Le Mercredi 13 Décembre 1871

DE UNE HEURE A CINQ HEURES

PARIS — 1871

CONDITIONS DE LA VENTE

Elle sera faite au comptant.

Les Acquéreurs paieront CINQ POUR CENT, en sus du prix d'adjudication.

TABLEAUX MODERNES

—

DAUBIGNY

1 — Le Chemin du hameau.

Sur une route bordée d'arbres qui conduit aux premières maison d'un hameau, une femme arrive, conduisant un troupeau de dindons, de tous côtés les terrains sont marécageux.

H. 25 c. L. 40 c.

DECAMPS

2 — Paysage d'Orient.

Le premier plan est très-accidenté de lignes, et coupe de rochers et de grands arbres; au second plan, une plaine et des habitations éclairées par le soleil couchant.
Quelques figures et animaux.

H. 27 c. D. 32 c.

DELACROIX (Eugène)

3 — La mort d'Hassan.

« Il est étendu sur la terre, le visage tourné vers le ciel,
« son œil encore ouvert menace son ennemi, comme si la mor
« y avait laissé survivre la haine. »

Le Giaour (Lord Byron).
(Collection Leroy.)

H. 32 c. L. 40 c.

DIAZ

4 — Forêt de Fontainebleau.

Le sol ombragé de grands arbres est en partie couvert de rochers. Au premier plan, une figure et un chien.

H. 24 c. L. 34 c.

DUPRÉ (Jules)

5 — Paysage, effet de soleil.

Un grand chêne étend ses branches en silhouette sur le ciel brillant de lumière. Des vaches sont venues boire à un ruisseau qui serpente au milieu de terrains d'une grande richesse de végétation, à droite un groupe de chaumières.

H. 46 c. L. 56 c.

FAUVELET

6 — Femme assise et rêvant.

H. 26 c. L. 20 c.

ISABEY

7 — La sortie de l'Eglise.

Des seigneurs et des dames en costumes de l'époque de
Louis XIII, sortent d'une église par un petit porche auquel
aboutit un escalier de pierres.

H. 38 c. L. 25 c.

Collection Baron

MARILHAT (aquarelle)

8 — Vue de Grèce.

Un palais est construit au milieu de jardins qui bordent la
mer. A l'horizon des montagnes.

Sur une terrasse au premier plan, des figures, près d'un escalier qui conduit au rivage.

Aquarelle. H. 27 c. L. 45 c.

RICARD

9 — Jeune Zingara.

Tête de jeune bohémienne, une amulette au cou, les épaules
nues, de longs cheveux noirs flottants.

H. 45 c. L. 34 c.

ROUSSEAU (THÉODORE)

10 — Paysage.

Au fond d'une plaine, une habitation sous de grands arbres
au premier plan un pêcheur dans un bateau.

Collection Collot

H. 15 c. L. 21 c.

TROYON

11 — Vaches buvant à une mare.

Deux vaches, l'une rousse, l'autre blanche sont arrêtées au bord d'une mare, bordée d'un côté par de grands saules; dans le fond une autre vache arrive conduite par une femme.

Collection Wertheimber.

H. 40 c. L. 32 c.

TABLEAUX ANCIENS

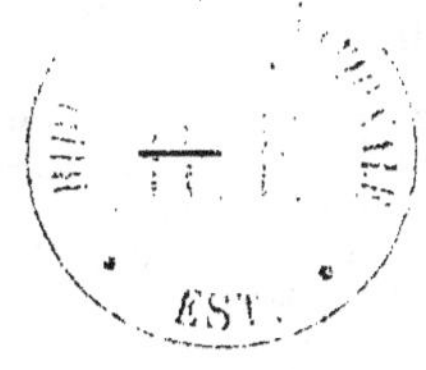

BERRÉ

320.

12 — Paysage et animaux.

H. 22 c. L. 30 c.

DEMARNE

13 — Paysage.

540.

Une habitation entourée de grands arbres et dont les murs sont baignés par les eaux d'un étang. Figures et animaux.

H. 24 c. L. 32 c.

DENNER (Balthazar)

4.000.

14 — Tête de vieillard.

Il est représenté en buste, vu de trois quart et vêtu d'un habit bordé de fourrures.

Collection de Beausset.

H. 43 c. L. 35 c.

HEYDEN (Van der)

FIGURES PAR A. VAN DE VELDE

900.

13 — Paysage hollandais.

Le centre du tableau est occupé par une église attenant à un couvent de religieux dont on aperçoit la grande porte, à droite et à gauche sont de grands arbres, au premier plan, un double chemin animé d'un grand nombre de figures.
Collection Vander Dussen.

H. 24 c. L. 29 c.

NEER (Art Van der)

1300.

16 — Paysage hollandais, effet de nuit.

Les eaux s'étendent à perte de vue, reflétant la lumière de la lune, sur la rive au premier plan à droite, un moulin-à-vent et des habitations en assez grand nombre, à gauche un second plan, un autre moulin, puis sur le devant une langue de terre sur laquelle sont des figures.
Collections Kalbrener et Jecker.

H. 54 c. L. 69 c.

LE PRINCE (Xavier)

1950.

17 — Le relais de la diligence.

Composition animée d'un grand nombre de figures.
Collection Rhoné.

H. 30 c. L. 39 c.

POEL (Egbert Van der)

18 — Vue d'une ville de Hollande.

La vue est prise des environs de la ville, les clochers des églises et les toits des maisons se détachent sur le ciel gris, le premier plan est animé d'un grand nombre de figures.

Signé Vanderpoel 1654 den 27 october.

Collection Vallardi.

H. 25 c. L. 35 c.

TENIERS (David)

19 — Les deux chaumières.

A droite deux chaumières sur un terrain en contrebas, à gauche des arbres, au centre un chemin avec des figures.

Collection Engel.

H. 12 c. L. 24 c.

G. TERBURG et J. B. WEENIX

20 — Portrait du seigneur de Moorseween.

Il est représenté à cheval et partant pour la chasse, un grand levrier le précède, derrière lui on aperçoit les gens de sa suite et des valets conduisant des chiens en laisse, au fond un château.

Collections Gruyter et W. Breggen.

H. 67 c. L. 60 c

WYNANTS (Jean)

1800.

21 — Paysage.

Un groupe d'arbres occupe le centre de la composition, et domine sur la gauche un cours d'eau que traverse un léger pont de bois, à droite un chemin animé de figures. Effet de soleil couchant.

Collection Cottrau.

H. 31 c. L. 38 c.

Renou et Maulde, imprimeurs de la Compagnie des Commissaires-Priseurs, rue de Rivoli, 144.   14877